H. DESTAINVILLE

LE
PROBLÈME DU RAVITAILLEMENT
DANS UN DISTRICT DE L'AUBE (Ervy)

DE 1792 A 1795

(Extrait des *Annales Révolutionnaires*, 1919, n° 2, pp. 229-241)

BESANÇON

MILLOT FRÈRES, ÉDITEURS
20, Rue Gambetta, 20

1919

H. DESTAINVILLE

LE
PROBLÈME DU RAVITAILLEMENT
DANS UN DISTRICT DE L'AUBE
DE 1792 A 1795

(Extrait des *Annales Révolutionnaires*, 1919, n° 2, pp. 229-241)

BESANÇON

MILLOT FRÈRES, ÉDITEURS

20, Rue Gambetta, 20

1919

LE PROBLÈME DU RAVITAILLEMENT

DANS UN DISTRICT DE L'AUBE

De 1792 à 1795 (1)

Toute période de trouble détermine, dans une nation, des difficultés d'ordre économique qui viennent aggraver à l'extrême l'état de tension du régime politique. La crise du ravitaillement, la hausse des prix, l'agiotage sur les denrées de première nécessité, tous ces maux que nous avons vus naître depuis quatre ans du trouble de la guerre, d'autres époques les ont connus avant nous. Au temps de la Révolution, des difficultés semblables, accrues par le séparatisme provincial et la lenteur des transports, ont miné la vie de la nation. Il suffit, pour s'en rendre compte, de suivre l'état des marchés d'un district particulier — celui d'Ervy, par exemple, dont nous décrivons la situation critique de 1792 à 1795.

Plaintes des boulangers

Le 8 septembre 1792, un ordre du Conseil général du département enjoignit aux communes de battre leurs grains et de les réduire en farine pour en conduire une certaine quantité à Châlons-sur-Marne. Nous ignorons l'importance de cette quantité, comme aussi les disponibilités qui restèrent chez les cultivateurs, mais, dès le mois d'octobre, il fut impossible de s'approvisionner tant au marché d'Ervy qu'à ceux des environs, et les cultivateurs furent nettement accusés de cacher leurs grains, pour se mettre à l'abri des privations qu'on redoutait déjà.

Le 3 octobre, accompagnés des officiers municipaux, les bou-

---

(1) La documentation de cette étude provient des registres d'administration du district d'Ervy (Archives départementales de l'Aube). Pour éviter les nombreuses répétitions que nécessiterait l'indication des documents consultés, nous donnerons tout de suite les cotes des registres et liasses où nous avons surtout puisé : L. d. 5/3, L. d. 5/4, L. d. 5/5, L. d. 5/7, L. d. 5/28, L. g. 5/6, L. g. 5/29, L. k. 5/31, L. m. 4. C².

langers d'Ervy (1), protestant contre cet état de choses, vinrent exposer au Directoire comment il leur avait été impossible de trouver les grains nécessaires à la troupe, ils demandaient que des mesures fussent prises « pour faire cesser les plaintes du public et prévenir les dangers qui résulteraient infailliblement d'un plus long retard. »

Le Directoire chargea des commissaires de parcourir les communes du district pour vérifier les quantités de grains possédées par les propriétaires et déterminer celles que ceux-ci devront envoyer au marché.

Ces démarches durent être infructueuses, car douze jours plus tard, le 20 octobre, le procureur-syndic reçut une nouvelle requête des mêmes boulangers.

Des « moyens coercitifs » furent alors proposés pour assurer l'approvisionnement du marché d'Ervy et des ordres adressés individuellement (2). Mais l'obstination ne désarma guère : il fallut des perquisitions réitérées, des appels incessants « aux devoirs de l'humanité », des menaces de l'agent national et l'intervention de commissions d'enquête, dont on trouve encore une nomination à la date du 12 mai 1793, pour que les grains, comme les fourrages, du reste, soient conduits avec une parcimonie suspecte aux endroits désignés.

Impossibilité de secourir le district de Bar-sur-Seine

La récolte de 1793 fut particulièrement bonne dans la région, mais la nonchalance des cultivateurs obligea l'Administration à prendre des mesures sévères pour recenser les grains et obtenir, à

---

(1) Ils avaient déjà, le 18 janvier 1791, protesté contre une certaine taxe « qui leur faisait perdre au moins 6 sols par boisseau ».

(2) La délibération ajoute que la municipalité doit encore pourvoir à la nourriture d'un bataillon d'infanterie.

Ce bataillon provenait des troupes qui encombraient la ville de Troyes. Il faisait partie du 98ᵉ d'infanterie et comptait 250 hommes. (A. BABEAU, *Histoire de Troyes pendant la Révolution*, t. II. p. 57).

Les municipalités avaient encore à leur charge l'entretien des déserteurs et des prisonniers de guerre. Le 4 pluviôse an III, l'agent national, exposant au Directoire du district les difficultés que l'on rencontre pour se procurer des vivres, fait la déclaration suivante : « Citoyens, le district d'Ervy a placé dans les communes de son arrondissement 214 déserteurs étrangers et 149 prisonniers de guerre, et le commissaire des guerres m'annonce qu'il en envoie encore 129. »

la fin de décembre, le battage de ceux demandés pour les armées
de la Moselle.

Il est permis de douter du succès de ce recensement, car le
1er germinal suivant (23 mars 1794), les moulins avoisinant Ervy
étaient soupçonnés de cacher des grains; de sérieuses perquisitions
furent ordonnées; le 4 avril, on annonça l'arrivée d'un détachement de onze hussards, commandés par un officier, chargés de
presser l'exécution des réquisitions.

Le district avait, à ce moment, on ne sait trop pourquoi, la répu-
tation d'être riche en grains A la vérité, ses ressources étaient
sérieusement affaiblies et la misère se faisait déjà sentir dans plusieurs communes.

Outre sa participation aux réquisitions courantes, il avait envoyé
des secours à Troyes (1) et, tout en reconnaissant qu'on lui deman-
dait plus qu'il ne pouvait accorder, il s'était engagé à approvisionner le marché des Riceys, du district de Bar-sur-Seine (2). Le Directoire, à cette occasion, exprima un considérant qui traduit ses
nobles sentiments d'humanité :

« Considérant, dit-il, que, quoiqu'il soit prouvé, par les recensements faits dans les cantons ci-dessus (Chaource, Chesley,
Bernon), qu'il n'y a pas assez de grains pour faire subsister les
communes jusqu'à la récolte prochaine, il est cependant du devoir
de l'Administration de déférer, sur-le-champ, à l'arrêté de l'Administration supérieure ; que les communes des cantons requis s'em-
presseront, sans doute, de partager avec leurs frères des Riceys les
grains qu'ils ont actuellement besoin »; il ajoute que, si besoin est,

(1) La livraison n'eut pas lieu sans peine. Le maire de Troyes dut demander à Rousselin, commissaire national civil près le département de l'Aube,
que 200 hommes de la 1re réquisition du district de Bar-sur-Aube parcourent
celui d'Ervy pour « forcer les communes qui n'ont pas encore acquitté leurs
réquisitions pour Troyes et obtenir le battage des grains par toutes les voies
légales et mesures révolutionnaires ». A noter que le district d'Ervy fournit
également, et par réciprocité, 200 hommes chargés d'accomplir la même besogne
dans le district de Bar-sur-Aube. Debarry et Bouillé commandèrent ces déta-
chements (Archives de la ville de Troyes, D* 3).

(2) Arch. dép., L. d. 5, 4, 23. Les cantons de Chaource, de Chesley et de
Bernon furent chargés de fournir au canton des Riceys 200 quintaux de
grains, deux semaines consécutives. Ceux de Bouilly, de Saint-Jean-de-Bon-
neval et de Saint-Phal durent fournir chaque semaine 450 quintaux de blé,
150 d'orge et 42 d'avoine au marché de Troyes, et ce, jusqu'à modification en
plus ou en moins.

ils solliciteront, à leur tour, par la suite, des secours auprès de l'Administration. Ce qui arriva, comme on va le voir.

Les réquisitions opérées dans le district d'Ervy pour les armées de la Moselle et du Rhin, les départements des Ardennes, des Vosges et la ville de Troyes s'élevaient, au 6 pluviôse an II (25 février 1794), à 33.300 quintaux de grains non encore livrés en totalité. Une nouvelle réquisition mit le district dans l'obligation de fournir 10.000 quintaux de blé à celui de Bar-sur-Seine, couvert en partie de vignobles et dans l'impossibilité de se nourrir. Le Directoire tenta vainement d'éluder cette nouvelle contribution. Vanlay, Les Granges, Avreuil, Les Maisons, Coussegrey, Praslin, Pargues, Lagesse, Vallières et Villy-le-Maréchal refusèrent catégoriquement de participer aux dits secours, et l'agent national du district, déjà préoccupé par l'exécution d'une réquisition de grains pour les armées de la Meuse et des Ardennes, informa son collègue de Bar-sur-Seine qu'il ne lui paraissait pas possible de trouver la quantité de grains attribuée à sa circonscription. Cette déclaration ne satisfit pas les intéressés, persuadés qu'Ervy possédait du grain « beaucoup au delà de sa consommation ». Ils en avaient même informé la Commission des subsistances, qui envoya un de ses membres, le citoyen Granvalet, « porteur d'ordres positifs », pour faire verser les secours. Cependant, à Bar-sur-Seine, « on se flattait » d'être protégé par des députés de la Convention habitant les environs de Bar, et par des agents de la Commission des subsistances, habitant également dans les mêmes cantons.

D'autres communes joignirent bientôt leurs protestations aux premières, mais sans réussir à persuader l'Administration, qui fit donner, le 12 ventôse, par le département, une réquisition au citoyen Richard, capitaine commandant le détachement du bataillon de la Montagne, lui assignant un certain nombre de communes à parcourir pour les contraindre à s'exécuter.

L'Administration du district de Bar-sur-Seine, mieux renseignée et revenue à des sentiments plus naturels, exprima elle-même le désir de voir cesser, dans le district d'Ervy, les investigations du bataillon de la Montagne, dont la solde, la nourriture et le logement incombaient aux communes.

Le Directoire s'y refusa. A la même séance (30 mars 1794), trente-trois nouvelles localités furent désignées pour être visitées par le bataillon ; mais deux jours après, le 1er avril, Richard, se

rendant compte de l'inutilité de ses recherches et de son intervention, expliqua lui-même au Directoire qu'il ne pouvait plus faire
fournir aucun grain pour Bar-sur-Seine, « qui paraît avoir plus de
ressources que le district d'Ervy », et demanda son renvoi ; satis-
faction lui fut immédiatement accordée.

La rareté des subsistances occasionne des troubles

En protestant contre la dernière réquisition, le Directoire avait
objecté que sur les 229.000 quintaux de blé nécessaires pour sa
subsistance, il s'était trouvé, lors du dernier recensement, un déficit
de 94.226 quintaux et que les habitants s'estimaient heureux lorsqu'ils pouvaient trouver du pain de son et d'avoine.

Le 9 prairial (28 mai 1794), l'agent national d'Ervy écrivait au
département : « La pénurie des subsistances est effrayante; le
Directoire et moi nous ne pouvons nous occuper d'autre objet, et si
la Commission du commerce et approvisionnement ne vient pas
promptement à notre secours, je crains des événements fâcheux. »
Des faits récents justifiaient cette prévision.

Le 7 avril, des fermières du district s'étaient présentées au bu-
reau de l'agent national pour lui demander des subsistances. Il leur
fut répondu qu'Ervy n'était pas encore dépourvu à ce point et que
des secours arriveraient avant qu'on en manquât. Mais l'agent ne
put leur faire entendre raison ; en sortant, elles menacèrent de
forcer les portes du magasin où étaient déposés les grains prove-
nant des domaines nationaux et déclarèrent qu'elles se présen-
teraient, le lundi suivant, au four commun, pour y prendre le pain
qu'elles y trouveraient. Ces menaces donnèrent lieu à une enquête,
confiée par le Directoire à la municipalité et au Comité de surveillance, « pour découvrir les noms de ces femmes et les contre-
révolutionnaires qui avaient pu les porter à une conduite aussi
cruelle ». Municipalité et Comité déclarèrent avoir fait toutes les
recherches utiles, mais sans succès.

Des voitures de grains destinées au département des Ardennes
furent arrêtées à Villery par des citoyens de la commune, qui les
partagèrent entre les habitants. Trois membres du Comité de surveillance et le secrétaire de la municipalité de Villery, dénoncés à
l'accusateur public comme ayant pris part à l'arrestation de ces
voitures, furent provisoirement suspendus (19 prairial an II).

A Rigny-le-Ferron, le bruit courut que les habitants de Chessy avaient sonné le tocsin à l'arrivée des commissaires chargés de prélever des grains.

A Chaource, l'effervescence fut grande : « Privée de toute espèce de viande et autres denrées nécessaires à la vie, à la veille de manquer de pain », la commune avait député à Paris deux membres de la Société populaire pour exposer sa situation à la Commission des subsistances, qui déclara ne pouvoir apprécier leur réclamation qu'après réception du recensement général.

Toujours en lutte avec les communes voisines, obstinées à déserter leur marché, les Chaourçois crient famine par la voix du président de leur Comité de surveillance : «... Encore quinze jours, écrit-il au Directoire, et dans les cruels accès de la famine, nous pourrons dire : nous avons vécu ».

Et les réclamations des communes continuèrent à mettre l'agent national dans un énervant embarras. « Au nom de l'humanité, citoyens représentants, écrit-il au Comité de Salut Public, faites que la Commission, qui connaît notre situation, vienne à notre secours sur-le-champ, que ses promesses s'effectuent, sans cela notre position est cruelle. Des municipalités ont assuré au Directoire que des citoyens s'étendaient à 15 et 20 lieues pour se procurer quelques subsistances et que, quand ils pouvaient en obtenir, ils les apportaient sur leur dos ».

Cette prière, après tant d'autres requêtes justifiées, était à la veille d'être entendue.

Secours intercommunaux

L'Administration s'était appliquée à utiliser les propres ressources du district pour attribuer aux communes moins favorisées le grain qui pouvait être pris dans d'autres. Ce projet, réalisable à première vue, rencontra de nombreuses difficultés d'exécution.

Par une réquisition du 25 ventôse an II, la commune des Maupas reçut une attribution de 41 quintaux de grains à prendre à Villy-le-Maréchal, qui refusa plusieurs fois de les livrer.

Quelques jours après, une deuxième réquisition ordonnait encore à Villy de livrer 27 boisseaux d'orge de semence à Villy-le-Bois.

Une protestation, revêtue de dix-huit signatures, fut alors présentée aux administrateurs du district, le 14 germinal, par François

Grésoit, membre du Comité de surveillance, Claude Rémy et Papillon, notables.

Le Directoire, n'admit pas les raisons invoquées par les protestataires ; il décida d'emprisonner, avec les trois commissaires susnommés, Mérat, maire, et Thoyer, agent national de la commune, signataires de l'écrit en question, jusqu'à ce que la livraison fût faite aux Maupas.

Charles Mougeot, ci-devant curé de Villy-le-Maréchal, soupçonné d'avoir rédigé la protestation, fut déclaré suspect et emprisonné à Troyes en attendant que le Comité de sûreté générale de la Convention ait statué sur son sort (1).

La ville d'Ervy, « à la veille d'éprouver les horreurs de la famine », attendait, elle aussi, des secours. Bernon lui avait offert dix ou douze quintaux de grains, mais l'envoi fut différé sur la remarque d'un citoyen, qui craignit que ce don fît croire que la commune avait des ressources.

Le Directoire ordonna à l'agent national de rechercher l'opposant et de se transporter, accompagné d'une commission, dans les communes de Bernon, Coussegrey, Prusy et autres lieux circonvoisins, pour faire un recensement exact des grains et farines.

Le résultat de ces investigations fut nul et un conflit s'éleva entre la municipalité d'Ervy et le Directoire du district.

La municipalité, qui avait fait un rapport exposant la situation navrante des environs, fut accusée par le Directoire de « semer l'alarme dans le peuple au lieu de l'espérance » et dut comparaître immédiatement devant lui.

Après avoir discuté les termes du rapport et incriminé son rédacteur, le citoyen Ruotte, qui reconnut n'avoir pas exactement traduit la pensée de l'assemblée, le Directoire se rendit bien compte que la situation d'Ervy était digne d'intérêt ; néanmoins, il décida l'incarcération des maires et agents nationaux qui ne livreraient pas le grain et la farine demandés. Ces administrateurs étaient remplacés par le premier officier municipal et le premier notable,

(1) Mougeot, Charles, d'abord vicaire à Vanlay, puis élu à la cure de Villy-le-Maréchal. Arrêté le 6 avril 1794 pour le fait relaté plus haut. Maure et Rousselin le maintinrent en réclusion aux Cordeliers, pour des accusations différentes. Sorti de prison le 1er décembre 1794 (Arch. dép. 4 Q. — L. m. 4 c³ 321. — L. d. 5, 5, 20).

lesquels seraient incarcérés à leur tour si la livraison n'était pas faite dans les vingt-quatre heures.

Au commencement de germinal, Bernon avait été requis de fournir 40 quintaux de grains à Montceaux et Vallières, 15 quintaux d'orge de semence à La Loge-Pomblin ; même refus d'exécution.

Les recensements faits pour secourir les communes nécessiteuses n'ayant produit aucun résultat, le Directoire déclara que la cause en était dans « l'égoïsme qui cache ses ressources pour s'entourer d'une pénurie factice » ; puis, tentant un dernier effort pour sauver Ervy, il ordonna des visites « scrupuleuses » dans tous les moulins du district.

Une commission de citoyens « probes », nommés à cet effet, fonctionna au début de juin 1794 : la récolte précédente devait certainement être presque épuisée à cette date, d'où les confiscations « nulles d'effet » prononcées par le juge de paix. Quatre-vingts boisseaux de blé furent néanmoins trouvés disponibles et saisis au profit d'Ervy, dont la situation critique venait enfin d'émouvoir la Commission des subsistances.

Le district de Meaux secourt celui d'Ervy

Au début de thermidor an II, le district de Meaux fut chargé de fournir, par voie de réquisition sur son territoire, 1.500 quintaux de grains, dont trois quarts en froment, le reste en seigle ou orge, à celui d'Ervy. L'agent national annonça l'heureuse nouvelle aux citoyens assemblés à la Société populaire, « qui la reçurent avec une joie inexprimable ». Huguenin et Bouillat se transportèrent aussitôt à Meaux pour faire opérer le versement des 1.500 quintaux. Le temps pressait dans beaucoup de communes ; depuis plus d'un mois, on ne pouvait attribuer qu'une demi-livre de pain d'orge par tête et par jour et on était à la veille de faire cesser cette attribution.

Le 11 messidor, cinquante communes fournirent soixante voitures attelées de trois chevaux, chargées de se rendre à Meaux et à Lagny pour le transport des grains ; le 24, ceux-ci étaient rendus dans les dépôts d'Ervy et d'Aix pour être répartis entre les communes les plus nécessiteuses. Cinquante-deux bénéficièrent de cette attribution aux prix arrêtés par le Directoire : 19 livres 13 sols le quintal de farine de froment (1), 16 livres 10 sols le quintal de froment, 12 livres 10 sols le quintal de seigle et 11 livres 10 sols le quintal d'orge, achat et transport compris, ce dernier s'élevant à 50 sols par quintal.

Les marchés

Durant cette période, les marchés n'existèrent plus; sollicités par les réquisitions et soucieux de leurs propres besoins, les cultivateurs avaient perdu l'habitude de conduire leurs produits aux marchés des cantons.

La nécessité de ravitailler les centres populeux obligea le gouvernement et les administrateurs départementaux à réapprovisionner ces marchés par voie de réquisitions communales.

Le 24 fructidor an II (10 septembre 1794), l'agent national, rendant compte des efforts infructueux faits en ce sens, expliqua les raisons de son insuccès et traça un saisissant tableau de la situation à la Commission du commerce : « Citoyens, écrit-il, j'ai requis les municipalités d'approvisionner les marchés; un petit nombre a obéi, en voici les motifs : sur les marchés, les grains se vendent au « maximum » et, chez eux, les cultivateurs les vendent au gré de leur intérêt. Les habitants des Riceys et des communes vignobles qui les entourent arrivent en foule dans notre district et ils achètent le blé jusqu'à 45 livres le quintal. On bat la nuit (et ils se plaignent de ne pas trouver de batteurs), et c'est ainsi, à la faveur des ténèbres, que les subsistances sont enlevées ; les exemples que l'on a faits l'année dernière sur ceux qui ont été saisis et la surveillance la plus active n'ont pu arrêter ce brigandage.

« Les riches et les pauvres agissent de la même façon et viendront ensuite, avant deux mois, demander du blé sur les marchés, dont les ressources sont illusoires et hors d'état de satisfaire à vos réquisitions. Les cultivateurs ont trouvé le moyen d'éluder le but de la réquisition; ils se font accompagner par les habitants de leur pays, qui prennent au maximum le grain dont ils ont besoin et que, peut-être, ils n'achètent que pour revendre à un prix beaucoup plus

(1) Il y aurait donc eu également une certaine livraison de farine de froment. Au tableau de la répartition communale, Rigny-le-Ferron figure, en effet, avec une attribution de 55 quintaux de blé et de 16 quintaux 25 livres de farine, le tout sorti du magasin d'Aix. C'est la seule attribution de farine que comporte ce tableau.

haut. Il en résulte que les citoyens des pays où se vendent les subsistances sont dans une disette continuelle et que c'est pour eux un désavantage plutôt qu'un bienfait d'avoir un marché dans leur commune. Les municipalités aussi sont coupables d'un abus criminel. Les officiers municipaux chargés de distribuer les réquisitions ne s'y comprennent jamais, quoique pour l'ordinaire ils soient les plus riches propriétaires. Ils les font toujours frapper sur ceux qui sont le moins en état et souvent dans l'impossibilité d'y satisfaire [1]. Ainsi ils éloignent l'abondance qu'ils devraient ramener par leurs soins et ils profitent lâchement de la disette qu'ils font naître. »

A la suite de cet exposé, l'auteur, « au nom du bien public et de la tranquillité du district », conjure la Commission du commerce et approvisionnement de faire cesser « ces actes arbitraires et ces abus criminels ». Il demande l'autorisation de se transporter lui-même dans les communes, « où il requerrait les officiers municipaux de contribuer à l'approvisionnement des marchés, ainsi que les particuliers les plus aisés ».

Nous ignorons si ce courageux fonctionnaire obtint l'autorisation demandée, mais, à la date du 9 vendémiaire, il rédigea à l'adresse des maires et officiers municipaux de son arrondissement une très longue lettre, où il les exhortait à faire approvisionner les marchés et à condamner ceux qui avaient vendu au-dessus du « maximum ». « Malheur à eux, disait-il en terminant, si je peux en acquérir la preuve, et malheur à tous ceux qui les imitent, puisqu'ils veulent être les ennemis du peuple au lieu d'en être les soutiens ; puisqu'ils veulent être les sangsues au lieu d'être les pères nourriciers, puisqu'enfin ils sont sourds à la voix de la justice et de l'humanité, qu'ils tremblent ! Bientôt des punitions exemplaires feront justice de leur lâcheté. »

En lançant cette foudroyante menace, l'agent national comptait, il l'avait dit dans sa lettre du 24 fructidor, sur l'arrêté que le

(1) Allusion à plusieurs plaintes adressées au Directoire pour dénoncer des abus de ce genre : Le 9 brumaire an III, l'Administration des subsistances dénonça le maire et les officiers municipaux de Turgy « qui ont le soin de se ménager singulièrement, eux, leurs parents et amis, pour surcharger le reste de leurs concitoyens ». (L. d. 5, 5 — 39). Etienne Hugo et Etienne Japy, de Montfoy, adressent le même reproche aux membres de leur municipalité. (L. d. 5, 14 — 82).

Comité de Salut Public avait pris le 13 et par lequel les cultivateurs étaient mis en réquisition pour approvisionner les marchés. D'autres lois spécifièrent que les grains et farines ne pouvaient être vendus que sur les foires et marchés publics et permirent de réquisitionner dans les districts voisins (lois des 3 fructidor, 7 vendémiaire, 16 ventôse).

Ces mesures paraissaient suffisantes pour organiser les marchés : il n'en fut rien.

Les marchés sont organisés... sur le papier

En exécution des textes ci-dessus, des groupements de communes furent régulièrement établis, bien que sujets à de nombreuses modifications par la suite, pour approvisionner les marchés de Chaource, d'Ervy, de Chamoy, de Rigny-le-Ferron, de Mards-Libre et d'Aix. Cette nouvelle organisation fonctionna, ou fut à même de fonctionner, au commencement d'octobre 1794.

Un mois après, l'agent national constata les mêmes infractions : le maximum violé partout ; cossonniers, revendeurs, marchands, achètent à n'importe quel prix, revendent de même, et le peuple ne peut rien se procurer. Les marchés se font « à huis clos et sous la cheminée ». Les autorités ferment les yeux parce qu'un exemple de sévérité chasserait les vendeurs, qui n'apporteraient plus rien... « Nous avons voulu nous opposer à ces abus, dit-il dans son compte décadaire daté de frimaire an III, mais, depuis ce moment-là, nos marchés sont déserts et l'on n'y vend plus que quelques légumes. Si les citoyens veulent s'approvisionner, ils sont obligés de parcourir les campagnes et les cultivateurs leur font la loi. »

Aucune amélioration ne fut possible dans la suite, malgré la rigueur, plus apparente que réelle, des lois et des règlements.

Le concours de la gendarmerie devint chose courante et indispensable pour forcer les communes à conduire quelques approvisionnements aux marchés.

En juin 1795, l'agent national renouvelle ses plaintes sur la pénurie des subsistances. La classe des artisans et des ouvriers se trouve absolument dépourvue de grains, les marchés sont totalement « dénués », ou bien ce qu'on y apporte devient la proie du plus actif ou de celui qui y met le plus haut prix. Et il poursuit :

« La disette que nous éprouvons, j'ose le dire, est purement factice ;

si la malveillance qui s'insinue partout n'était pas intéressée à en pro-
longer le cours, on la verrait bientôt disparaître et l'abondance re-
prendre sa place ; *mais la cupidité ne connaît point de bornes.* »

D'après lui, cette situation provenait de la mauvaise répartition
des réquisitions, de l'insuffisance des renseignements communiqués
au Directoire sur l'insuccès de celles-ci et des prix exorbitants
exigés par les cultivateurs.

Une nouvelle organisation des marchés eut lieu le 12 août 1795 ;
elle n'eut pas plus de succès.

Ainsi, durant cette période de quatre années, on voit se mani-
fester toutes les formes caractéristiques d'une crise économique et
les éléments d'un intéressant parallèle entre cette crise et celle que
nous avons à surmonter de nos jours.

L'expérience chèrement payée que nous devons à la présente
guerre permet de ne pas être surpris et de lire à travers l'imbro-
glio des mille difficultés dont nous n'avons pu faire qu'un exposé
bien incomplet ; elle permet aussi bien des constatations que, pour
conclure, nous résumerons en de courtes réflexions :

L'agent national du district, représentant du pouvoir central, a
donné toute la mesure de son activité pour ravitailler les marchés
et faire exécuter les réquisitions. Ses déclarations énergiques sont
de graves accusations contre la façon dont se sont acquittés de leur
mission les administrateurs communaux, représentants des particuliers, élus par eux et intéressés au même titre qu'eux dans les
obligations qui incombaient aux campagnes.

D'un autre côté, il faut admettre comme une chose humaine,
presque légitime, la méfiance du paysan au milieu d'événements
dont il ne saisissait pas toujours la signification, de même que son
obstination à ne rien livrer de ses produits lorsqu'il s'apercevait
que sa famille elle-même risquait d'en manquer.

Mais, si l'on considère les conditions dans lesquelles les ventes
ont été faites, les incidents de marché et l'échec des mesures prises
pour assurer à tous le moyen de vivre, on discerne nettement les
causes du mal : l'intérêt personnel et les conséquences de l'offre et
de la demande.

A ce point de vue encore, la crise actuelle ne nous apprend rien
de nouveau. Aux deux époques, les tentatives du gouvernement et
des villes pour enrayer le vie chère, approvisionner les marchés et

les armées, ont eu des effets semblables ; le lecteur a pu se rendre compte que bien des manœuvres commerciales, condamnables de nos jours, ne font que rééditer celles qui exaspérèrent tant de fois l'agent national, trop souvent abandonné d'une administration qui exigea tout de lui sans faire grand cas de ses comptes décadaires.

Remarquons toutefois que cette analogie dans les faits et leurs conséquences ne s'étend pas au delà d'une certaine limite, assez large, il est vrai.

Nous ne sommes pas menacés de la crise économique qui mit l'angoisse dans les districts de la Révolution. Les marchés, tout en subissant les conséquences inévitables d'une longue guerre, qui bouleverse l'organisme d'un grand nombre d'Etats, n'ont pas cessé d'offrir, dans une mesure appréciable, leurs produits au public. Celui-ci, quoi qu'il arrive, ne connaîtra pas, comme il y a un siècle, la misère qui résulta de la difficulté, de l'impossibilité même de se procurer, aux jours et à l'endroit fixés, le ravitaillement anxieusement attendu par une foule besogneuse, incertaine de ses destinées.

Ⅱ. Destainville.

Besançon, Imprimerie Millot frères

9 782019 963705